# CONSIDÉRATIONS

SUR

## LES EFFETS DE L'ARTILLERIE

### DANS LA DÉFENSE DES PLACES

par Oboninara

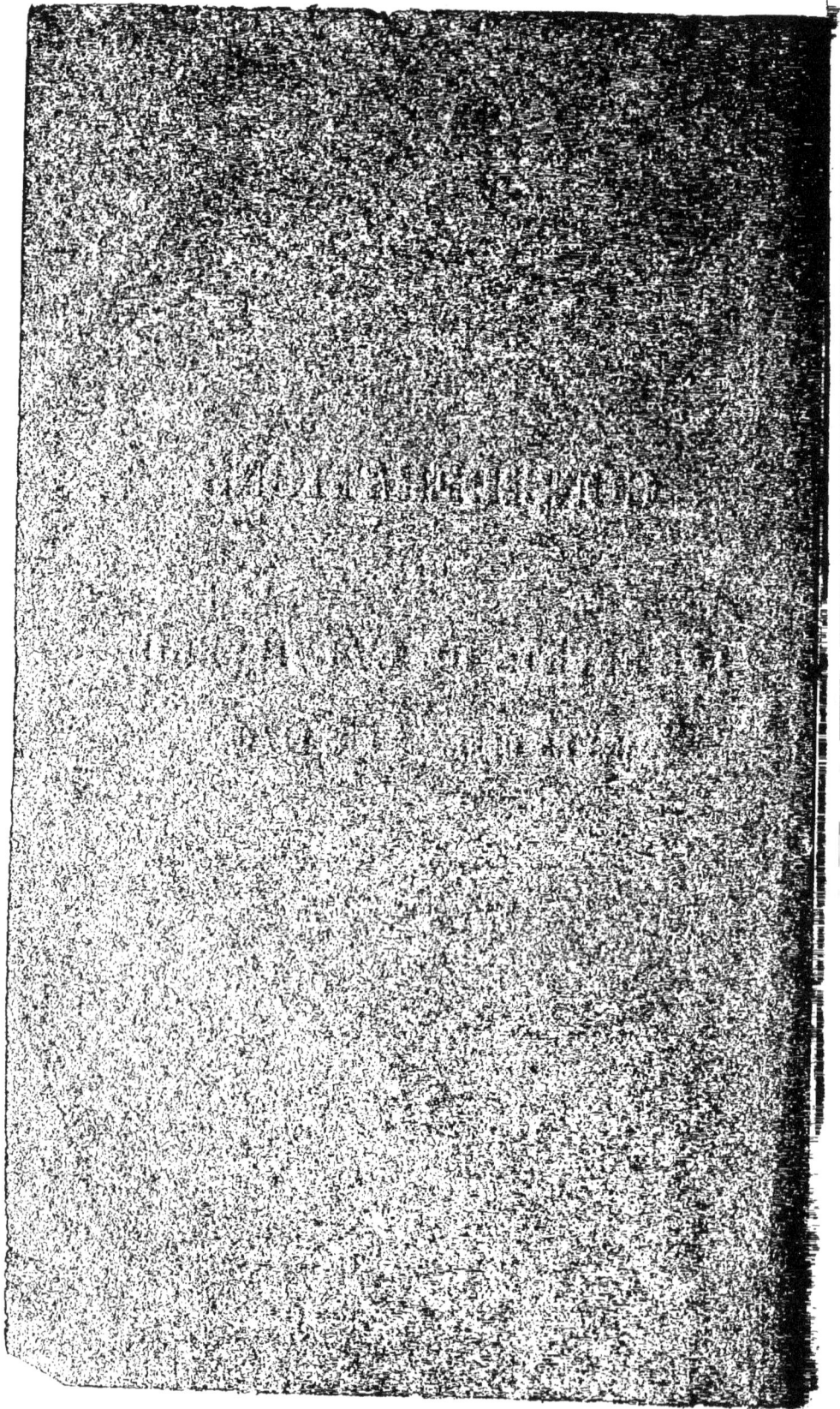

# CONSIDÉRATIONS

SUR

# LES EFFETS DE L'ARTILLERIE

## DANS LA DÉFENSE DES PLACES,

*Par P.-M.-Théodore Choumara,*

CAPITAINE DU GÉNIE.

........ Ce champ ne se peut tellement moissouner
Que les derniers venus n'y trouvent à glaner.

PARIS,
IMPRIMERIE DE A. HENRY,
RUE GÎT-LE-COEUR, N° 8.

1826.

# OBSERVATIONS

## PRÉLIMINAIRES.

———

M. le lieutenant-général Rogniat a fait rédiger sous ses yeux, par M. le capitaine du génie Villeneuve, un mémoire sur l'armement des places. Cet officier général, qui lui-même est une autorité très-imposante, s'appuyant sur l'opinion de Bousmard et autres, pose en principe que *l'artillerie est le principal agent de la défense des places.*

M. le maréchal de camp Valazé, s'appuyant sur quelques idées de Vauban, de Cormontaingne, de Fourcroi, et sur les effets produits par l'artillerie dans un grand nombre de siéges, regarde au contraire cette arme comme un agent qui influe peu sur la durée de la défense, et paraît disposé à la ranger dans les accessoires que l'on peut, à volonté, négliger ou employer sans qu'il en résulte de différence bien sensible.

Je n'ai point la présomption de me croire appelé à terminer une discussion de cette nature ; cependant des circonstances extraordinaires, dans lesquelles se trouvent rarement les officiers du génie (1), m'ayant conduit non-seulement à réfléchir, mais encore à faire des expériences sur les effets de l'artillerie dans la défense des places, je crois devoir présenter quelques observations qui simplifieront peut-être la question.

Avant de présenter ces considérations, je me proposais d'attendre que le Comité du génie eût jugé définitivement mes deux Mémoires sur la fortification, dont le premier

---

(1) A défaut d'officiers d'artillerie, j'ai dû faire les fonctions de commandant de cette arme dans la mauvaise place d'Astorga, pendant le siége qui en fut fait, en 1812, par l'armée espagnole de Galice, composée de dix-huit à vingt mille hommes. Cette place a été défendue par douze cents hommes. Le siége a duré soixante-huit jours, et le défaut de vivres a seul forcé la garnison à capituler.

lui a été adressé en 1824 (1); mais la publi-
cation du Mémoire de M. le général Rogniat,
et la discussion entamée par M. le général

---

(1) Le Comité a fait, sur le premier mémoire, un
rapport ainsi conçu :

« Six mémoires ont été adressés à l'Inspecteur-gé-
» néral du service central, afin de concourir aux prix
» d'encouragement de 1824.

» Le Comité, après avoir entendu un rapport détaillé
» sur chacun de ces mémoires, et en avoir pris ensuite
» une connaissance approfondie, *fixe d'abord son at-
» tention sur le mémoire n° 3*, ayant pour objet un
» système de modifications à introduire dans la disposi-
» tion actuelle des ouvrages de fortification, en con-
» servant cependant toujours le tracé bastionné.

» *Le grand intérêt du sujet traité dans ce mémoire,*
» *les laborieuses recherches auxquelles l'auteur a dû*
» *se livrer, l'investigation judicieuse qu'il a faite des*
» *propriétés et des défauts des fortifications exis-*
» *tantes, la clarté, la précision du style, aussi bien*
» *que la correction des dessins qui accompagnent le*
» *mémoire, commandent de justes éloges : mais,*
» *ainsi que l'auteur en convient lui-même, ce travail*
» *n'est point achevé ;* pour être complet, il faut en-
» core que le mérite des modifications proposées y soit
» justifié par un journal d'attaque et de défense, et qu'un
» état estimatif y démontre comparativement que la

Valazé me déterminent à donner de suite
la première partie relative aux moyens de
conserver l'artillerie des places , pendant la
défense éloignée. Puisque l'attention est por-
tée sur cette branche importante, c'est, je
crois, le moment de traiter les questions qui
s'y rapportent.

---

» dépense résultant de l'exécution des nouvelles dispo-
» sitions, restera comprise dans des limites convenables,
» eu égard à la force défensive du nouveau système.

» Le Comité ne pouvant donc porter un jugement
» définitif sur ce travail incomplet, se voit forcé de
» le distraire du concours de la présente année.» Et en
note on ajoute : « M. le capitaine du génie Choumara ,
» en se déclarant l'auteur du mémoire n° 5, postérieu-
» rement à la délibération du Comité, a demandé à
» reprendre son travail pour le reproduire ostensi-
» blement et en soutenir lui-même la discussion, etc.»
Sans revenir sur le deuxième mémoire, je dirai
seulement qu'il y a eu un malentendu dans ce jugement ; que non-seulement je ne regarde pas le premier
mémoire comme *incomplet*, mais que j'ai fait voir
qu'il était composé de *plusieurs mémoires* que j'aurais
pu donner séparément. ( *Voyez* le deuxième mémoire
sur la fortification. )

Quand on se détermine à émettre son avis
en fortification, on doit faire abstraction des
personnes, pour ne s'occuper que des idées;
c'est ce que je ferai avec franchise, sans me
laisser influencer par la position élevée où
se trouvent MM. les généraux Rogniat et Valazé; j'oublierai que le premier est président
du Comité du génie; j'oublierai que j'ai servi
avec agrément, en campagne, sous les or-
dres du second, et la bienveillance qu'il m'a
toujours témoignée; j'oublierai, enfin, que
je ne suis qu'un simple capitaine, pour ne
penser qu'aux auteurs qui méditent et qui
composent; mais je n'oublierai point les
égards que l'on doit aux hommes qui con-
sacrent une partie de leur existence à des
travaux utiles, qui peuvent influer puissam
ment sur le sort des Etats.

Du reste, mes idées, vraies ou fausses
bien ou mal fondées, reposent sur une con-
viction intime; on ne doit donc pas s'étonner
si je ne les expose pas sous une forme du-
bitative qui n'aurait pour résultat que d'al-
longer les phrases. Je ne prétends imposer
ma manière de voir à personne : je ne de--

mande que de la bonne foi, qu'on me lise avec attention, et qu'on prononce ; les illusions qui occupent trop l'imagination ne sont pas sans danger ; je croirai devoir autant de reconnaissance à celui qui me fera voir que je me suis trompé, qu'à celui qui, trouvant mes raisons bonnes, les adoptera franchement.

# CONSIDÉRATIONS

SUR

## LES EFFETS DE L'ARTILLERIE

### DANS LA DÉFENSE DES PLACES.

~~~~~~~~~~~~~~~~~~~~~~~~~~~~~~~~~~~~~~~~~~~~~~~~~~~~

## PREMIÈRE PARTIE.

*Moyens d'empêcher les Batteries de l'atta-
que de détruire l'Artillerie des Places.*

Sɪ l'assiégeant pouvait cheminer jusqu'aux con-
trescarpes, passer les fossés, s'établir sur les
brèches, dans le même tems et sans éprouver
plus de pertes devant une place bien munie d'artillerie, que devant une place qui en serait dé-
pourvue, les batteries de l'attaque, à l'exception
des batteries de brèche, seraient inutiles; encore pourrait-on remplacer ces dernières par les
fourneaux de mines.

Le soin que l'assiégeant prend d'établir des
contre-batteries, des batteries à ricochet, des
batteries de mortiers, etc., pour imposer silence

à l'artillerie des places assiégées, suffit donc seul pour démontrer que l'artillerie exerce une puissante action contre les cheminemens, *quand on peut la mettre à l'abri des moyens de destruction employés par l'assiégeant.*

M. de Cormontaingne, malgré son échelle de comparaison; M. de Fourcroi, malgré son prétendu principe des momens, ne peuvent disconvenir de cette vérité.

Le premier s'exprime ainsi :

« On doit remarquer qu'on ne doit travail-
» ler à la sape *que lorsque le canon de l'at-*
» *taque commence à agir; car elle ne peut se*
» *pousser qu'à la faveur de son feu qui attire*
» *celui de l'ennemi, et le force à laisser les têtes*
» *des sapes tranquilles, sans quoi il serait im-*
» *possible d'y rien tenter de jour, tout y serait*
» *écrasé.* » ( Mémoire pour l'attaque, par Cormontaingne, chapitre VII, page 95.)

Le deuxième dit :

« *Tout le monde conçoit, par exemple, que*
» *plus on approche d'un rempart duquel il part*
» *un grand feu, plus on y trouve d'obsta-*
» *cles, etc.* » ( Mémoire sur la fortification perpendiculaire, n° 28, page 20.)

Il résulte évidemment de ces deux passages et d'une infinité d'autres que je pourrais citer, que l'on rendrait un véritable service à la défense, que l'on augmenterait incontestablement la durée des siéges, si l'on disposait l'artillerie des places de manière qu'*elle pût diriger son action contre les cheminemens de l'assiégeant, sans être constamment inquiétée et promptement détruite par les batteries de l'attaque.*

Parmi ces batteries, les plus redoutables sont, sans contredit, les batteries directes de plein fouet, et les batteries de flanc à ricochet.

Dans le premier Mémoire sur la fortification que j'ai adressé en 1824, au comité du génie, j'ai fait voir comment on pourrait se soustraire à l'action du ricochet.

Partant du principe incontestable : *qu'il n'est pas nécessaire de faire suivre aux parapets la même direction qu'aux escarpes*, j'ai été conduit à retirer les parapets en arrière de ces escarpes, à placer en capitale, extérieurement aux parapets, une traverse plus élevée qu'eux, qui a le double avantage d'intercepter les prolongemens des faces, par conséquent d'en dérober la direction, d'arrêter tous les projectiles tirés à ricochet qui ne passeraient pas au-dessus des pièces qu'on veut mettre à l'abri.

Or, l'idée qui m'a conduit à cette disposition est aussi bien applicable aux feux d'artillerie de plein fouet, qu'aux projectiles tirés à ricochet.

En effet, je dis : ( premier Mémoire, avant-propos.)

« Pour détruire l'effet du tir à ricochet, il
» faut que les projectiles lancés de cette ma-
» nière *soient arrêtés dans leur marche* avant
» d'arriver à leur destination , ou qu'ils passent
» au-dessus des points qu'ils doivent attein-
» dre. »

Il est clair aussi qu'on mettra l'artillerie de la
place à l'abri des coups tirés de plein fouet di-
rectement , si on force l'assiégeant *à tirer au-*
*dessus des pièces qu'il veut inquiéter et détruire,*
*ou que les projectiles qui atteindraient ces pieces*
*soient interceptés avant de parvenir à leur desti-*
*nation.*

La conséquence naturelle de cette idée est
qu'aussitôt que l'assiégeant établit une batterie
directe ayant pour objet d'éteindre les feux
d'une face , agit sur les attaques , il faut former
en avant de cette face un épaulement à l'é-
preuve qui, *semblable à une butte de polygone ,*
arrêtera tous les projectiles lancés contre la face
dont il est important de conserver les feux pour
les diriger contre les cheminemens.

On doit remarquer, en effet, qu'à moins de
circonstances particulières favorisées par les ac-
cidens du terrain, *les batteries de l'attaque se*
*trouvent en dehors des secteurs dans lesquels se*

*font les cheminemens ; ainsi, en se bornant à battre ces secteurs avec l'artillerie de la place, il sera facile de la rendre invisible aux batteries ennemies.*

Il est des vérités d'une telle simplicité et d'une telle clarté qu'il suffit de les énoncer pour qu'on en reconnaisse de suite l'importance et la fécondité , *celle de limiter le champ du tir à la partie sur laquelle se font les approches de la place , est de ce genre :* elle est de nature à conserver et à augmenter les ressources de l'assiégé ; elle doit contribuer au rétablissement de l'équilibre entre l'attaque et la défense , et peut-être faire pencher la balance en faveur de celle-ci.

Comment se fait-il qu'une idée si simple n'ait point encore été présentée , développée et appliquée ? C'est qu'on ne met pas assez en pratique le précepte qui veut que l'on ne fasse jamais ce que son ennemi désire.

L'ennemi établit des batteries éloignées *pour attirer le feu de la place ;* donc, en général , *la place ne doit pas diriger son feu sur les batteries éloignées de l'attaque.*

*Quand les batteries de l'attaque découvrent l'artillerie de la place , elles la détruisent promptement ; donc il faut masquer l'artillerie de la place aux batteries de l'attaque.*

Le peu de lignes qui précèdent renferme toute

la théorie de la défense extérieure des places par le moyen de l'artillerie. Je pourrais me dispenser d'en dire davantage, il n'est point d'officier d'artillerie ou du génie qui ne soit en état d'en faire immédiatement l'application ; mais comme on peut différer dans les moyens d'exécution, tant pour la position que pour la forme, je vais entrer dans quelques détails à ce sujet.

*Emplacemens les plus favorables aux épaulemens proposés pour mettre l'artillerie de la place à l'abri des contre-batteries directes.*

Il est clair que la position des épaulemens peut et doit varier, non-seulement suivant la nature des places, mais encore suivant la position des batteries assiégeantes, la direction des cheminemens et la forme du terrain environnant ; cependant, il est facile de reconnaître qu'en général les glacis offrent les points les plus favorables,

1°. Parce qu'ils sont plus élevés que le terrain naturel qui est en avant, et qu'ainsi ils exigent moins de remblais ;

2°. Parce qu'étant plus rapprochés de la place, ils sont mieux protégés contre les tentatives de l'assiégeant ;

3°. Parce qu'ils ne nuisent point aux dispositions intérieures des ouvrages.

Il est bon, autant que possible, d'empêcher que ces épaulemens ne servent au couronnement du chemin couvert, cela conduit naturellement à les porter à dix ou douze mètres en avant de la crête des glacis.

On doit observer qu'il est rarement nécessaire de mettre toute la face d'un ouvrage à l'abri ; il suffit, par exemple, dans une demi-lune, d'avoir cinq ou six embrasures invisibles sur chaque face, ce qui donne une longueur de trente à trente-six mètres de parapet à couvrir.

Si une batterie d'attaque de dix pièces, ayant soixante mètres de longueur, est placée à six cents mètres de distance de la face qu'il faut couvrir, et que l'épaulement soit à cinquante mètres de cette face, la longueur de l'épaulement sera au plus de quarante mètres.

La plongée des embrasures étant généralement à un mètre au-dessous de la plongée des parapets, tout projectile qui passera à soixante-dix centimètres au-dessous de la crête intérieure des parapets, n'atteindra pas les pièces en batterie.

En terrain horizontal, la crête intérieure du parapet de la demi-lune étant de six à sept mètres au-dessus du sol, les projectiles partant de la batterie de l'attaque , s'élèvent d'environ trente centimètres depuis l'épaulement jusqu'au parapet de la demi-lune ; ainsi, dans ce cas, en tenant l'épaulement un mètre plus bas que la crête du parapet, il sera assez élevé pour intercepter les coups dangereux ; cependant, on pourra le tenir un peu plus élevé, sans inconvénient.

Si le terrain extérieur dominait, alors il faudrait relever l'épaulement; quelquefois même il faudrait le tenir plus élevé que le parapet qu'il doit couvrir : dans quelques autres circonstances, il faudrait que le masque fût plus rapproché de ce parapet.

Cela posé, supposons qu'un épaulement soit placé sur la portion du glacis qui est à deux mètres au-dessus du terrain naturel, qu'il sera un mètre plus bas que le parapet de la demilune qui en est à six mètres au-dessus du terrain horizontal, et que le masque aura huit mètres d'épaisseur, alors il entrera à peu près trente mètres cubes de remblais par mètre courant ; c'est-à-dire à peu près douze cents mètres cubes pour couvrir six pièces ; si les terres nécessaires ont été bien disposées à l'avance, il ne faudra pas plus de cent hommes pendant douze heures , ou vingt hommes pendant soixante heures pour opérer le travail ; c'est-à-dire que vingt hommes suffiraient pour faire l'épaulement, pendant que l'ennemi construirait sa batterie ; ainsi, avec très-peu de peine, on sera toujours prêt avant lui, parce qu'on n'aura pas d'embrasures à façonner (1).

---

(1) L'idée de l'utilité dont peuvent être les épaulemens convenablement disposés pour la défense des places, m'est venue en 1812 dans la place d'Astorga, où je l'ai appliquée d'une manière assez heureuse. Une circonstance semblable pouvant se représenter, je vais entrer dans quelques détails :

Astorga est une ancienne place qui n'a qu'une vieille muraille, avec quelques tours, sans fossé ; en sorte que de fort loin on découvre tout le mur d'enceinte. Les Espagnols ayant établi des batteries à trois cents toises, essayèrent de faire brèche ; mais il fut facile de reconnaître qu'à cette distance ils n'obtiendraient aucun résultat, et ils y renoncèrent bientôt, surtout après un incident dont je parlerai ailleurs.

Après avoir cheminé assez lentement, ils parvinrent sur un petit mamelon placé à moins de cent toises de la place, sur lequel ils commencèrent à construire une *batterie de brèche*. En examinant soigneusement le terrain, je m'aperçus que cette batterie ne découvrirait la muraille qu'elle devait battre qu'à cinq ou six pieds au-dessus du sol. Je pensai aussitôt qu'en formant un bourlet en terre en avant de cette muraille, j'en cacherais une plus grande hauteur, et que l'ennemi n'en découvrirait plus assez pour faire une brèche praticable. Je fis mettre la main à l'œuvre, et,

2

Si l'ennemi étendait sa batterie, ou s'il en construisait d'autres, ayant vue sur la partie masquée par cette portion d'épaulement, alors il faudrait le prolonger, ou en construire d'autres sur les côtés ; mais il est un moyen de simplifier le travail qui tournera encore au profit de la défense.

Sans attendre qu'une place soit assiégée, et que les batteries de l'attaque soient en construction, pour élever les épaulemens dont j'ai parlé, on peut faire les dispositions préparatoires de manière qu'au moment du siége, au lieu de remblais considérables, pour lesquels on se procurerait peut-être difficilement les terres, on n'ait que quelques déblais qui se feront beaucoup plus vite ; voici comment : à dix mètres environ de la crête du glacis, on formera, pour la demi-lune, une portion de *couvre-face* qui, d'un côté, viendra jusqu'à

---

après moins de douze heures de travail, le bourlet était déjà assez élevé pour dérober une grande partie de la muraille; l'ennemi, s'apercevant qu'elle allait lui être entièrement masquée, renonça à sa batterie de brèche, et chercha à faire brèche *par la mine*. Cette circonstance a retardé la prise de la place de plus de quinze jours; et la brèche n'était pas encore faite, quand la garnison fut obligée de capituler faute de vivres.

la place d'armes rentrante du chemin couvert, et de l'autre, se terminera au prolongement de l'escarpe ou de la contrescarpe de cette demi-lune; de manière à *laisser découverte la partie correspondante au saillant;* alors *on aura deux espèces de tenaillons extérieurs, où l'on pourra, au besoin, placer de l'artillerie et de la mous-queterie.*

Si l'ennemi entreprend de cheminer sur quelques points qui soient masqués par ces portions de couvre-face, il suffira *d'ouvrir une embrasure de quelques mètres dans le parapet du couvre-face, pour découvrir tout le secteur des cheminemens, parce que les lignes de tir pourront se croiser en passant par l'embrasure commune;* ainsi, en supposant qu'il faille une embrasure de six mètres de largeur, et qu'on soit obligé de la baisser d'un mètre cinquante centimètres pour découvrir les cheminemens entre la première et la deuxième parallèles, on n'aura pas cent mètres cubes de déblais à faire; et, comme les terres pourront être placées auprès, cent heures de travail d'un homme seront plus que suffisantes, en sorte que vingt-cinq hommes feront l'embrasure commune en moins de quatre heures (1).

_____

(1) Je trouve dans l'ouvrage de Trincano une disposi-

La position que j'ai indiquée pour le couvre-face est relative à une place ordinaire de
Vauban ou de Cormontaingne, et en général
aux places qui ont un chemin couvert à peu près
semblable à celui de ces systèmes ; dans une

---

tion qui présente quelque analogie avec le dernier moyen
que je propose, et qui aurait peut-être dû y conduire.
Dans les nombreux systèmes présentés par ce professeur,
on voit une idée dominante, qui est d'avoir des *batteries
couvertes*. Pour obtenir ce résultat, il pratique des ouvertures dans ses parapets, et fait, en arrière, des batteries
circulaires, dont les lignes de tir se croisent en passant
par une embrasure commune. Cette idée, qui pouvait de-
venir bonne, est restée infertile, parce qu'elle présentait
de graves inconvéniens telle qu'il l'a donnée.

Il est certain d'abord qu'il n'a point songé à *limiter le
champ du tir*, de manière à rester à l'abri des batteries
de l'attaque, ce qui est le principal avantage que l'on
peut retirer de l'embrasure commune bien disposée. Les
ouvertures qu'il fait dans ses parapets les affaiblissent consi-
dérablement; ses tours en maçonnerie, formant revêtement,
seraient détruites très-promptement, et fermeraient en
grande partie l'embrasure commune. Cette embrasure
laisse à découvert une partie du terre-plein des ouvrages ;
les batteries circulaires prennent beaucoup d'espace, et
sont inapplicables aux demi-lunes, qui ont des réduits à
l'ordinaire, et aux bastions avec cavaliers; mais, pratiquée
comme je le propose dans un couvre-face extérieur, elle
devient très-utile et très-avantageuse.

place modifiée, comme je l'ai proposé dans mon premier mémoire , le réduit de place d'armes saillante de la demi-lune étant celui qui agit le premier sur les attaques , c'est sur la partie du glacis qui lui correspond qu'il conviendrait de mettre le couvre-face.

Quoique j'aie indiqué des moyens certains de dérober les batteries de la place à l'action des batteries de flanc , à ricochet et des batteries de plein fouet de l'attaque , je ne prétends pas en conclure que l'on ne doit jamais entrer en lutte contre l'artillerie assiégeante; je pense , au contraire, qu'il est souvent utile, et même nécessaire, d'engager cette lutte ; mais il faut pour cela qu'on soit maître de choisir *le temps , le lieu*, et *que l'on puisse limiter la force de son ennemi* de manière que l'on soit assuré que cette lutte sera promptement terminée à l'avantage de l'assiégé ; alors on ne devra pas craindre de laisser un instant les têtes de sapes tranquilles, parce que le peu de terrain qu'elles auront gagné , sera loin d'être en rapport avec l'effet moral qui en résultera ; le moral de l'assiégé sera évidemment renforcé par les succès qu'on lui aura ménagés , tandis que celui de l'assiégeant en sera affaibli ; l'ardeur des travailleurs qui, un instant auparavant, marchaient tranquillement, sera nécessairement réfroidie quand ils reconnaîtront que leur artillerie ne peut faire qu'une diversion momentanée en leur faveur ; enfin ces combats partiels aguerriront les artilleurs de la place pour les momens décisifs où il faudra agir contre les batteries de brèche et les contre-batteries du saillant du chemin couvert (1).

Comment, dira-t-on, obtenir des résultats aussi importans ? La méthode est toute simple

---

(1) Les contre-batteries que l'assiégeant établit pour ruiner les défenses de flanc, ont un objet trop important pour que l'assiégé n'emploie pas tous ses efforts pour s'opposer à leur construction et à leur action. Il faut donc alors entrer dans une lutte sérieuse, qui peut avoir une grande influence sur la durée du siége, puisque c'est de son résultat que dépendent les obstacles plus ou moins grands que l'on rencontre dans les passages des fossés. Aussi, outre les feux que l'on peut faire converger des différens ouvrages d'un front sur les contre-batteries, est-il important d'avoir les flancs les plus grands possible. J'ai fait voir, *dans le premier mémoire sur la fortification* comment, par *de simples remuemens de terre*, on pouvait augmenter les feux de flanc en brisant le parapet de la courtine, comment le reculement des parapets et leur brisure près des angles d'épaule fournissaient de nouveaux flancs plus rapprochés, qui contribueraient puissamment à l'extinction des feux des contre-batteries, et ralentiraient nécessairement leur construction. Ainsi, dans ce cas, l'artillerie de la place pourra encore conserver l'avantage.

et se déduit aisément de ce que j'ai indiqué plus haut.

Si l'assiégeant établit un grand nombre de batteries directes de plein fouet, contre les faces des bastions, demi-lunes, etc., il serait imprudent et dangereux d'entrer en lutte contre toutes ces batteries à la fois, et les couvre-face sont indispensables; si une des batteries de l'attaque peut être vue de plusieurs points de la place, armés d'artillerie, alors, en ouvrant dans chaque couvre-face une embrasure commune qui permette de découvrir la seule batterie que l'on veut attaquer *en restant couvert des autres, on aura des forces beaucoup plus nombreuses, convergentes de différens points de la place sur un seul point ;* dans ce cas, la lutte ne peut être longue, l'issue ne peut en être douteuse, et tout l'avantage sera du côté de l'assiégé (1).

---

(1) Il est difficile de se former une juste idée de l'influence que peut avoir sur la durée d'un siége une lutte d'artillerie engagée à propos. J'en citerai un exemple remarquable, pris dans le siége d'Astorga, dont j'ai déjà parlé.

Les Espagnols, après avoir dirigé une espèce de fausse attaque sur le front, dit *del Rey,* se portèrent sur le front de l'Ouest, dit *de l'Obispo,* où ils commencèrent une

Ainsi l'on voit que les couvre-face que je propose *ont , non-seulement la propriété de cou-*

---

attaque en règle. Ils construisirent bientôt une batterie de quatre pièces de seize, qu'ils crurent suffisante pour détruire nos faibles parapets en maçonnerie d'un pied d'épaisseur seulement.

J'avais adopté pour principe, dès le commencement du siége, de ménager mes canonniers, qui étaient en très-petit nombre, et de ne pas entrer en lice à moins d'avoir une supériorité marquée.

Aussitôt que j'eus reconnu que la batterie ennemie ne serait composée que de quatre pièces, je crus le moment favorable; en conséquence, je fis amener sur le front d'attaque toute l'artillerie de la place, composée de deux pièces de douze, deux pièces de huit, deux coulevrines de quatre, deux obusiers, un mortier et huit pièces de quatre; total, dix-sept bouches à feu. Je commençai par diriger quelques coups sur la batterie en construction, afin d'exercer mes pointeurs, toutes nos pièces étant ajustées sur la batterie ennemie. J'attendis le moment où elle commencerait le feu; c'était le signal pour commencer celui de la place. Dans la matinée du 16 juillet 1812, les embrasures furent démasquées; la canonnade dura à peu près vingt minutes, après lesquelles l'assiégeant fut obligé de refermer ses embrasures, et de s'occuper de la construction d'une nouvelle batterie. Alors l'artillerie de la place pouvant agir sans être inquiétée sur les cheminemens, les arrêta complètement pendant le jour. Lorsque la deuxième batterie, composée de sept pièces, fut terminée, je reconnus qu'il était impossible de lutter avec avantage; je fis retirer toute l'artil-

*vrir l'artillerie de l'assiégé , mais encore d'iso-*
*ler les forces de l'assiégeant , de lui faire perdre*

lerie des remparts, et je laissai l'ennemi raser à son aise les
parapets en maçonnerie. J'avais mis de mon côté le tems à
profit pour faire des remblais, élargir le rempart et prépa-
rer de nouvelles batteries avec de bons parapets : la plus forte
était composée de huit pièces ; et, comme elle était en prise
aux deux batteries ennemies, j'en *disposai les embrasures
de manière à voir les cheminemens sans que ces embrasures fussent enfilées par les batteries de l'attaque.* Il en
résulta que l'assiégeant endommageait bien les parapets,
mais sans faire de mal aux hommes et à l'artillerie. Avec
des réparations, fréquentes à la vérité, cette batterie tira
constamment sur les cheminemens ; les deux autres batteries furent placées en dehors du champ du tir des batteries
de l'attaque, en sorte *qu'elles voyaient bien les cheminemens sans être tourmentées par l'artillerie assiégeante ;*
aussi les cheminemens de jour furent-ils constamment arrêtés, ce qui a beaucoup contribué à prolonger la durée du
siége.

Pour rendre justice à chacun, il faut convenir que les
Espagnols nous ont mal attaqués, mais aussi qu'ils ont été
déconcertés par la marche de la défense à laquelle ils
étaient loin de s'attendre. D'une trop grande témérité ils
passèrent à une excessive prudence, parce que nous les
avions fait repentir de quelques essais hardis mais un peu
hasardés.

Tous les officiers de la garnison d'Astorga pourraient
confirmer ce que j'avance ici ; mais des extraits du journal
de siége des Espagnols feront mieux voir la marche de

*les avantages de sa position enveloppante, et d'en
transporter les propriétés à la place, par rapport
à chaque point occupé par l'assiégeant.*

Les idées que je viens de développer, ne sont
point de ces spéculations vagues, auxquelles il
faut renoncer dès qu'on en veut venir aux ap-
plications : j'ai vérifié leur possibilité sur un
grand nombre de plans d'attaques faits par des
auteurs différens, tels que Fourcroi, Cormontaingne, etc.

De trop grandes différences dans les terrains
environnans la place, pourraient occasionner
des exceptions; alors il faut, ainsi que je l'ai
déjà dit, rapprocher les couvre-face des parapets qu'ils doivent protéger ; la nouvelle forme
que j'ai proposé de donner aux réduits de demi-
lunes (1er mémoire) est avantageuse dans ce cas,
parce que certaines parties du corridor, destiné
aux fusiliers étant relevées, peuvent former
d'excellens couvre-face, sans perdre la pro-
priéte d'offrir des emplacemens pour les tirailleurs, tandis que dans les demi-lunes avec réduit à l'ordinaire, les couvre-face deviendraient

---

l'attaque et de la défense que tout ce que je pourrais
ajouter. Je renvoie donc à la note finale qui termine ce
Mémoire.

à peu près impossibles contre les batteries do-
minantes. Alors il faut se servir d'un moyen
moins efficace , mais qui est encore très-utile ;
*c'est de disposer des embrasures de manière à
ce qu'elles ne puissent pas être enfilées par les
les batteries de l'attaque.*

Les dispositions proposées n'offrant aucun
angle mort , il n'y a aucune objection fondée
à redouter contre les couvre-face : si l'on crai-
gnait cependant que l'assiégeant ne parvînt à
en tirer parti, il y a des moyens fort simples
de les faire disparaître , *quand ils ont rempli
leur objet ,* et qu'on est forcé de quitter le terrain. Je n'entrerai pas dans des détails à ce sujet , parce que ce serait anticiper sur le Mémoire relatif à la fortification souterraine , et
que , d'ailleurs , c'est une précaution que je
regarde comme surabondante.

Je terminerai cette première partie , en jetant
un coup d'œil rapide sur le principe fondamen-
tal du Mémoire de M. le général Rogniat, et
sur les Observations de M. le général Valazé.

Le passage de l'ouvrage de Bousmard ( qui,
ainsi que l'observe M. le général Valazé , sert
comme de texte au Mémoire de M. le général
Rogniat ) prouve que cet auteur attache une
grande importance à l'artillerie qu'il regarde

comme un puissant moyen de prolonger la défense.

En lisant la plupart des journaux de siéges, on ne peut se dissimuler que l'artillerie n'a pas, à beaucoup près rendu les services que ce passage permettait d'en attendre; à quoi cela tient-il ? A une cause fort simple ; c'est que les batteries à ricochet, les batteries de mortiers, les batteries directes combinées avec les feux des tirailleurs placés en avant des parallèles, ont *ou attiré ou éteint* les feux d'artillerie des places, et ont, par conséquent, empêché de tirer d'une manière suivie sur les cheminemens et sur les têtes de sapes. Pour que l'artillerie des places assiégées eût produit son effet, il aurait fallu la mettre à l'abri des batteries de l'attaque, surtout à l'abri des batteries à ricochet et des batteries diréctes. Bousmard était tellement convaincu de l'influence des premières, qu'il a consacré une partie de son tems à la formation d'un système dans lequel il a tout sacrifié au désir de se mettre à l'abri du ricochet. Il ne me paraît pas avoir été heureux dans ses tentatives (1); mais lui, était

_____

(1) Tout le monde connaît le système de Bousmard pour se soustraire au ricochet. On sait qu'il courbe les escarpes des bastions de manière à en faire des dévelop-

convaincu du contraire. Se regardant comme à
l'abri du ricochet , il croyait pouvoir lutter
contre l'artillerie assiégeante ; en cela je crois
qu'il avait tort ; mais il n'en reste pas moins évi-
dent que *s'il eût trouvé les moyens de conserver
son artillerie, il aurait obtenu les résultats qu'il
en attendait.*

M. le général Rogniat, en citant le passage
de Bousmard , paraît l'adopter complètement ;
il établit un calcul dont il est impossible de nier
la justesse , pour déterminer le nombre de
coups que l'on doit tirer dans un tems donné

---

pées de flancs concaves, afin que les derniers prolongemens
de ces faces soient interceptés par les demi-lunes qu'il dé-
tache du corps de place. J'ai fait voir, *dans mon premier
Mémoire sur la fortification*, qu'à l'aide de quelques ter-
rassemens, on pouvait obtenir, presque instantanément et
sans frais, des résultats beaucoup plus intéressans que
ceux qu'il n'obtenait qu'avec beaucoup de peine aux dépens
du flanquement par le sacrifice des escarpes, contre-
escarpes et demi-lunes actuelles ; qu'il suffisait pour cela
*de donner aux parapets seuls la direction qu'il donne à
ses escarpes, et qu'alors, comme le flanquement n'était
plus un obstacle, on pouvait courber davantage les parapets pour faire intercepter les prolongemens sans être
obligé de détacher les demi-lunes , etc.* (Cette observation
seule était peut-être de nature à provoquer un jugement
définitif sur le premier Mémoire).

pour arrêter complètement les cheminemens de
jour ; et il est incontestable que, si avec la disposition qu'il adopte pour son artillerie, il pouvait tirer, pendant la durée du siége, le nombre
de coups qu'il a fixé, il obtiendrait les résultats
qu'il annonce ; mais il est fâcheux d'être obligé
de reconnaître que cette disposition ne met
point assez l'artillerie de la place à l'abri des
batteries de l'attaque, et que, fût-elle beaucoup
plus nombreuse, elle serait promptement détruite : d'abord, elle est entièrement en prise
aux contre-batteries directes de plein fouet,
qui, seules, suffiront, sinon pour la détruire
entièrement, au moins *pour attirer une partie
de son feu ;* mais encore aux batteries de flanc
contre lesquelles il n'emploie que les traverses
ordinaires qui sont complètement insuffisan-
tes. A ce sujet, il me semble que l'on n'a pas
bien senti la véritable influence des batteries de
flanc ; ce n'est pas précisément parce que les
projectiles peuvent faire plusieurs bonds quand
ils tombent sous un angle assez petit, qu'elles
sont plus dangereuses que les batteries directes : si cela était, les traverses ordinaires suffiraient pour en détruire les effets ; la véritable
cause des effets désastreux qu'elles produisent,
c'est qu'elles n'exigent pas une aussi grande
précision dans le tir ; c'est qu'il y a une grande

étendue de terrain sur lequel elles peuvent faire des dégats, ce qui n'a pas lieu pour le tir direct. Supposons, par exemple, une batterie de flanc placée dans le prolongement d'une face de bastion de cent vingt mètres de longueur, il est clair qu'en dosant convenablement les charges, quand on tirera sous un angle plus grand que celui qui donne la limite du ricochet, le projectile n'en tombera pas moins entre le saillant et l'épaule du bastion. Or, en supposant que les traverses occupent le tiers de l'espace, il y aura deux contre un pour l'espace occupé par les pièces; il s'ensuit donc que, sur trois coups, il y en aura deux qui toucheront probablement l'artillerie; la chance serait même plus forte, car en tombant sur les traverses, ils peuvent en percer quelques pieds et toucher encore une pièce après.

D'un autre côté, le terrain du rempart présente une largeur de plusieurs mètres, dont partie est occupée par l'artillerie, partie par les hommes, partie par les voitures, chariots, etc., qui servent aux approvisonnemens, en sorte qu'il y a encore une grande étendue sur laquelle les effets se font ressentir.

Pour les batteries directes, au contraire, la plus petite différence dans l'angle du tir, dans le bourrage, dans la forme du boulet, etc., envoie le projectile ou trop haut ou trop bas ; latéralement, il n'y a que quelques pieds pour les coups d'embrasure, encore tous ne touchent pas les pièces.

Ainsi, l'influence des batteries qui prennent les défenses en flanc, tient moins à la propriété du ricochet qu'au peu de justesse qu'elles exigent dans le tir, à cause du grand nombre de points qu'elles peuvent toucher.

D'après cela, je pense que les traverses ordinaires ne sont pas très-utiles ; qu'il vaut mieux *n'en mettre qu'une beaucoup plus élevée au saillant*, ainsi que je l'ai proposé dans mon premier Mémoire ; car, l'idée que l'assiégeant pourrait en profiter est chimérique sous tous les rapports.

D'abord, placée comme je l'ai indiqué, il est probable qu'une partie tombera avec la brèche, si l'ennemi veut la faire au saillant.

Si on craint qu'elle ne tombe pas, quelques barils de poudre suffisent pour la faire sauter, même avant que la brèche ne soit praticable, *puisque son objet principal est rempli alors ;* enfin, quand elle resterait, quel parti l'ennemi en tirerait-il, comme point dominant ? Quelques coups de canon partant des réduits auraient bientôt *déniché* ceux qui viendraient se *hisser* sur ce petit espace.

Quelle que soit, au reste, la disposition adoptée
par M. le général Rogniat pour son artillerie, il
est très-certainement disposé à admettre tout
ce qui peut contribuer à sa conservation; et,
sous ce rapport, ce que j'ai proposé con-
firme son idée principale. Si les moyens que
j'indique sont bons, les effets qu'il a annoncés
seront obtenus, et l'artillerie *sera véritable-
ment un des principaux agens de la défense;* je
ne dirai pas le *principal*, parce qu'il n'y a rien
d'absolu dans la bonté des différens agens de la
défense; que cette bonté dépend des lieux et
des circonstances; que, dans tel cas, l'artillerie vaudra mieux que la mousqueterie; dans tel
autre, les sorties produiront plus d'effet, etc.
La grande question est moins de savoir quel
est l'agent le plus puissant, que de savoir les
employer tous avec discernement, et de les faire
concourir au même but par les secours mutuels
qu'ils peuvent se porter.

Au reste, M. le général Rogniat indique le
vrai moyen de défense par l'artillerie légère,
celui de la faire souvent changer de lieu et de la
diriger sur les têtes de sape. Les extraits du
journal du siége d'Astorga que je cite, *d'après
l'ennemi*, en fournissent la preuve; si j'avais
eu de la grosse artillerie en même quantité dans
cette place, le siége eût certainement été moins
long.                                                    3

M. le général Valazé conteste l'influence de l'artillerie dans la durée des siéges; il s'appuie d'un grand nombre d'exemples pris dans les siéges anciens et modernes; il reconnaît sans doute la véritable cause du peu d'influence de l'artillerie, dans la facilité avec laquelle elle est détruite par les batteries de l'attaque. Retrouvant dans la figure donnée par M. le général Rogniat, des dispositions semblables à celles des places où l'artillerie n'a point prolongé la défense, il a dû en conclure que les mêmes causes produisaient les mêmes effets; mais si l'on eût dit à M. le général Valazé : voilà *de l'artillerie qui tirera tant de coups*, *dans tel tems*, *sur les têtes de sape*, *sans que l'artillerie de l'attaque puisse s'y opposer*, assurément M. le général Valazé eût été le premier à dire qu'alors les têtes de sape ne pourront pas cheminer de jour.

Ainsi, M. de Bousmard et M. le général Rogniat, d'un côté, M. le général Valazé, de l'autre, ne sont peut-être pas aussi éloignés d'être d'accord sur les effets de l'artillerie, que le Mémoire sur l'armement et les observations y relatives semblent l'indiquer. La seule question est de savoir si on peut rendre l'artillerie de la place *maîtresse de ses mouvemens* et *la conserver*. Les moyens que j'ai proposés contre le ri-

cochet et les batteries directes, sont-ils propres
à remplir cet objet important ? C'est sur quoi
les officiers d'artillerie et du génie peuvent pro-
noncer : je les prie seulement de ne pas rejeter
ces idées, à cause de leur simplicité ; les parallèles sont le résultat d'une idée fort simple, un
jeu d'enfans a donné naissance au tir en flanc
à ricochet ; ce sont cependant ces deux moyens
*innocens* qui, depuis Vauban, ont laissé la défense si inférieure à l'attaque. Des moyens non
moins *innocens* doivent peut-être, pour le bien
de l'humanité, faire pencher la balance en sens
contraire.

# EXTRAIT

## DU JOURNAL DU SIÉGE D'ASTORGA,

### FAIT EN 1812 PAR LES ESPAGNOLS ;

Tiré del Exacto Correo de Espana en la Coruna.

Del Viernes 26 de Junio 1812.

*Del Ex.<sup>mo</sup> Senor Marques de Portago a S. E. el Capi-*
*tan General D. Fr.<sup>co</sup> Xuxier de Castanos. 20 de*
*Junio 1812.*

...... La plaza de Astorga la dexo enteramente Circum-
balada, Cortadas las aguas, y sin que pueden por ningun
modo recibir el menor auxilio.

Dia 27 de Junio. — Conociendo el Senor Comandante
general la importancia de adelantar el sitio, dispuso que
en todos los puntos avanzados, se hiciese durante la noche
apostaderos mui proximos a la plaza para alarmar al ene-
migo, y molestar le en sus fuegos, lo que se verifico.

Los enemigos hicieron mui pocos desparos de artilleria,
y el fuego de fusileria no fue de consideracion....

Dia 28. — El fuego fue tan lento como el dia anterior.

Dia 29. — El Senor Comandante general dispuso que en
la noche de este dia, principiasen los trabajos..... Dis-
paro de tiempo en tiempo, algunos tiros de metralla y
fusil, pero sui causar nos mas que un hérido.

Dia 3o. — Al Rumper el dia se hallaban formadas dos
baterias de cestones. A las cinco de la manana, principiaron los enemigos a incomodar los trabajos, con un fuego
mui vivo de tres piezas hasta, las 6, y 1/2....

Dia 1°. de Julio.... Se esta formando una bateria par
8 eañones. Los enemigos hicieron por la tarde, una salida
sin pasar del arrabal de puerta Rey, algunos nuestros
ciegos de entusiasmo, les acometieron et hicieron Bastante
dano pero el mismo arrebato, les hizo meterse mas de lo
que debian, y murieron tres. Ocho valientes heroes, salieron
tan bien héridos y nos hicieron 17 prisioneros.

Dia 2. — Esta hecha la bateria, y se esta formando la
esplanada.

Dia 3. — Al amanecer han principiado nuestros canones a saludar los enemigos. Con un vivo y acertado fuego,
contra los reductos de puerta Rey, y el que esta a la esquina del hospital, correspondiendo la plaza, no tan viva y
acertadamente, a los 4 o 5 canonazos se les desmonto e
inutiliso una pieza que tenian en el reducto de aquella (1) se
colocaron igualmente en la bateria cinco canones y un
obus.

Cruzaban se nuestros fuegos, unos con direction a puerta
de rey y su reducto, y otros al esquinazo de puerta de
hierro y hospital, todos con buen acierto, y sin perder se
uno.

A las siete de la manana ya estaban del todo acallados
los fuegos de artilleria enemigos (2) y a esta misma hora
ceso el nuestro, y se les paso un parlamentario, intimando

(1) Cette pièce ne fut point démontée, mais retirée par prudence.
(2) Nous n'avions aucune raison pour brûler des munitions et
compromettre nos canonniers.

les la rendicion, que no aceptando la, se volvio a las dies a romper nuevamente el fuego, que siguio durante el dia, a que correspondieron los sitiados *con solo fusillazos*, sin mas desgracia de nuestra parte que 3 soldados, levemente heridos.

Dia 4. — Continua el fuego de nuestra bateria *aunque poco acalorado*, la plaza corresponde *con raros tiros de fusileria*.

Dia 5. — Ayer a noche se principiaron los trabajos por el Oeste de la Ciudad para la formacion de otra bateria que se dice *sera la de Brecha* (1) los enemigos trataron de impedir los con el fuego de canon y fusileria, desde la muralla, y el reducto que tienen, entre puerta Obispo y la esquina del Castillo, pero no lo han conséguido, y a pesar de su inmediacion a la plaza, nuestros valientes heroes continuan, manejando el azadon y la pica con la misma destreza que el fusil. Van llegando muchas escalas de todos los pueblos del contorno; y creemos que *abierta la brecha* se asaltara por ella, y hara por otros puntos una escalada al mismo tiempo.

Dia 6. — Continua nuestro trabajo asi como su inutil fuego, para impedirlo.

Dia 7. — Siguen nuestros trabajos, y van en buena disposicion, à noche los sitiados hicieron por periodos un fuego vivo de fusileria, por toda la muralla, a lo que acompanaban algunos canonazos; sin duda han visto la conducion de escalas, y temen el asalto : hemos tenido unos seis héridos, no de gravedad.

Dia 8. — Continuan nuestros trabajos por el oeste de la Ciudad, *los enemigos menudean algo mas el fuego.*

---

(1) Cette brêche n'était pas encore faite le 18 août.

Dia 9....:

Dia 10. — Se Sigue, trabajando y adelantando bien, a pesar del fuego con que los enemigos ententan empedirlo, *algo mas dano nos han hecho en esta obra que en la primera, porque su empeno en incomodarnos es mayor*, no obstante, nuestra perdida es relativamente mui corta pues desde el principio del sitio, se puede, con seguridad afirmar que nuestros muertos no llegan a 3o, ni los heridos a 100, constandonos que los suyos, aunque mui parapetados y cubiertos son casi doble (1).

Dia 11. — Continua el trabajo sin novedad.

Dia 12. — Continuan nuestros trabajos del Oeste de la plaza, *por este lado es mas lo que hay que hacer y se necessita mas tiempo*, nuestros soldados trabajan con actividad en ellos, *y los sitiados no estan perezosos en incomodarnos* menudean sus fuegos de bala raza y granadas, mas que lo hacian por el otro lado, pero los caminos cubiertos que se han hecho nos defienden bastante, y el dano que recibémos es mui corto, *con respecto a la exposicion del lugar.*

Dia 13. — Siguen las obras, adelantandose mui bien, y los sitiados continuan sus fuegos con poco fruto.

Dia 14. — Se ha concluido la bateria del Oeste de la Ciudad, y va muy adelantado, el commo cubierto, que desde ella, rumpe hacia la muralla, se trabaja en el a menos ya de medio tiro de fusil de aquella, se construge en nuestro campo, otra pequena bateria frente a puerta de rey para impedir las salidas que por ella solian hacer, a cegar yerba y fruto, inmediato a la muralla.

---

(1) Nous n'avons pas perdu plus de deux cents hommes pendant tout le siége.

Dia 15.....

Dia 16. — Esta noche pasada se han puesto 3 piezas de 16 en la nueva bateria del Oeste, y se les ha allanado (tomando lo primero a la bayoneta) un parapeto que frente a ella iban construyendo, para mayor impedir nuestros trabajos. Se les tomaron algunos fusiles, picos, sacos, y morriones que dexaron en la huida; pero *la refriega nos ha costado 11 héridos del ribero entre ellos un oficial gravemente.*

En la mañana de hoy hubo entre la plaza, y nuestra bateria, *como media hora de vivo canoneo, en el que* perdimos un soldado (2).

Dia 17. — Se sigue trabajando, en el camino cubierto, y los enemigos disparan de *quando en quando* sus balas y granadas.

Dia 18. — Esta noche en la bateria de frente a puerta de Rey se han colocado dos piezas gruesas de la inmediata, y al amanecer de hoy, se ha principiado con ellos unc fuego vivo a dicha puerta, que esta siguiendo a hora que son los y de la manana.

Dia 19. — *Se esta formando otra bateria al Oeste de la Ciudad, mas adelante de la primera.*

Dia 20.....

Dia 21. — La continuacion de los tiros de la bateria de puerta de Rey ha formado y a una brecha, que aunque pequena da cuidado a los sitiados, esta noche se han colocado, en la seconda bateria del Oeste, 5 piezas gruesas 3 menores, y un obus.

Dia 22. — Desde el amanecer ha principiado nuestra

(1) C'est la prétendue batterie de brèche qui est obligée de se taire.

bateria del Oeste a hacer fuego, contra el Castillo y puerta
obispo, continuando le, todo el dia, con mucho acierto,
los sitiados dispararon algunas balas y granadas, por la
manana, causando nos mui poco dano pero el resto del dia
han guardado silencio.

Dia 23. — El silencio de los sitiados (que todavia continua) depende de haber nuestra artilleria des montado les
ayer tres piezas de la suya (1) que probablemente no reem-
plazaran en el mismo lugor que las tenian, porque el fuego
de hoy, les ha destruido y echado por tierra las troneras y
antepecho inmediato, dexando desmantelada aquella parte
de la muralla, e inservible para su colocacion de dia.

Dia 24. — Esta noche pasada 100 heroes, del régimiento
de Benavente a saltaron a la bayoneta un parapeto enemi-
go, de entre puerta Obispo y el Castillo que le defen-
dian 200 Franceses (2). Les Tomaron algunos picos, y otros
efectos, hiriendo, y matando a varios de ellos, y retiran-
dose luego, por no ser posicion que pudiese mantener se,
los enemigos, hicieron por todo aquel lado un vivissimo
fuego, *de fusileria, obus, canon, y granadas* de mano,
para impedir la hazana pero nuestros valientes, por eso
no dexaron la empresa *que nos costo 15 héridos* numero
mui inferior al suyo.

Dia 25. — Esta noche pasada, han hecho los enemigos,
bastante fuego de canon, y fusil por el oeste, sin duda te-
miendo otra tentativa de los nuestros pero sin causar nos
dano. Hoy sigue el fuego de nuestras baterias bastante
activo.

---

(1) Nous n'avons eu pendant le siége qu'un affut endommagé.

(2) Il n'y avait qu'une trentaine d'hommes qui avaient ordre de
se retirer de suite pour laisser agir le feu de la place. Nous ne per-
dimes par conséquent personne.

Dia 26. — Continua el fuego que de parte de los sitiados, *no dexa de ser activo* los trabajos que preparan la formacion de *una ultima bateria* van en buen estado.

Dia 27.....

Dia 28. — Continua nuestro fuego de canon, y el de los sitiados, aunque no con tanta viveza, como estos dias.

Dia 29. — Los sitiados hacen *un vivo fuego*, contra el parapeto que los nuestros tomaron la obra noche y antes poseian ellos, pero sus balas y granadas solo sirven de aumentar el fervor de nuestros soldados, que siguen sosteniendose con teson.

Dia 30.....

Dia 31. — Parece que el Ramal de camino cubierto ha llegado ya al parage, en que debe formar se la *bateria de brecha* y creemos que esta proxima noche se emprendera, la ultima obra que nos resta.

Dia 1º. de Agosto. — Se continua trabajando. En el ramal de camino cubierto, los sitiados siguen arrojando de quand oen quando algunas balas y polladas.

Dia 2.....

Dia 3. — Siguen nuestros trabajos, *pero aun no se ha marcado el sitio para la bateria de brecha. Se ha principiado una mina que se cree sera para volar et Castillo.*

Dia 4. — Se trabaja con actividad en la mina.

Dia 5. — Continua nuestra obra, y los enemigos hacen fuego con bastante viveza para impedirlo, pero con poco fruto.

Dia 6 y 7. — Ya esta la mina a menos de 30 pasos de la muralla.

Dia 8. — Se sigue trabajando con actividad en la mina.

Dia 9 y 10. — Continua.

Dia 11. — Sigue sin novedad (1).

---

Ce journal de siége ne s'étend pas au delà
du 11, quoique le 18 la brèche ne fut pas faite ;
je me dispense de toute réflexion, parce qu'il
fait suffisamment connaître l'influence que les
dispositions prises pour l'artillerie ont eue sur la
défense. Je crois ne pouvoir mieux terminer ce
petit mémoire, qu'en copiant un certificat de
M. le général Rémond, gouverneur d'Astorga ;
l'original de ce certificat est dans les bureaux de
la guerre.

Le voici :

« Je soussigné, maréchal de camp, certifie que
M. Choumara, capitaine du génie, fut chargé
du commandement de l'artillerie dans la place
d'Astorga que je commandais dans les mois de
juin, juillet et août 1812 ; qu'il s'est acquitté de
ce service, ainsi que de celui du génie, avec la
plus grande distinction, et de manière à mériter
des éloges, et qu'il a suppléé par son zèle, son
activité et ses connaissances, au défaut de

---

(1) Cette citation étant prise sur une copie des journaux espagnols que je n'ai plus à ma disposition, il peut s'être glissé quelques
fautes d'orthographe, et surtout de ponctuation, relativement à
la prosodie avec laquelle je ne suis plus assez familier pour faire
es corrections.

moyens dont cette partie était entièrement dé-'
pourvue.

» Je certifie, en outre que, dans le rapport
que je fis au Gouvernement, sur le siége d'Astorga, je citai M. le capitaine Choumara de la
manière la plus honorable, en sollicitant en sa
faveur les récompenses qu'il méritait ; mais que
son séjour prolongé dans les prisons de l'ennemi, a retardé l'effet de cette demande.

» En foi de quoi j'ai délivré le présent le 8
juillet 1814.

» *Signé* RÉMOND. »

FIN.

www.ingramcontent.com/pod-product-compliance
Lightning Source LLC
Chambersburg PA
CBHW060741280326

41934CB00010B/2313